COMMENT GÉRER LE BUREAU COMME UN PATRON PROFESSIONNEL

Contenu

4

introduction

Le poste de chef de bureau évolue. Pour moi il n'y a pas de question. Avant le début de l'épidémie de coronavirus, le rôle a commencé à changer. Cependant, la position du chef de bureau change lorsque vous revenez sur un lieu de travail réel ou virtuel.

Les chefs de bureau ne sont plus responsables de l'achat des fournitures de bureau, de la réparation des imprimantes cassées ou de s'assurer que les employés lavent leur vaisselle après le déjeuner. Actuellement, ils sont essentiels à la satisfaction, à la sécurité, à la rétention des employés et plus encore.

Cet essai examine les qualités, les compétences et les ressources nécessaires pour qu'un incroyable gestionnaire de bureau réussisse dans son poste cette année et à l'avenir.

La capacité à gérer une cabine est essentielle car elle peut aider à créer un environnement de travail productif et agréable pour vos employés et les mettre sur la voie du succès. L'utilisation de saines stratégies de gestion peut vous aider à améliorer votre espace de bureau et à accroître le succès de votre entreprise, qu'il s'agisse d'organiser votre lieu de travail ou d'aider à développer et à former les talents des membres de votre équipe. Cet essai explique la valeur d'une gestion de bureau efficace et vous fournit une liste de conseils pratiques.

En tant que chef de bureau, vous êtes souvent chargé de vous assurer que tout se déroule le mieux possible. Mais gérer efficacement un bureau peut parfois être un peu difficile lorsque vous ajoutez un groupe de personnes avec des personnalités différentes, des articles de papeterie et des logiciels différents et une myriade de distractions. Cependant, vous ne devez pas interdire tout cela. En fait, cela devrait servir d'inspiration pour maintenir un lieu de travail propre !

Gérer un bureau implique de jongler avec une variété de responsabilités. Les responsables du lieu de travail assurent le bon fonctionnement du lieu de travail jour après jour, semaine après semaine, mois après mois et année après année. Il y a plusieurs aspects qui doivent être considérés sur une base quotidienne ou globale. La budgétisation du bureau, la gestion des stocks, les sièges et la conception, l'embarquement des nouvelles recrues, la tenue des dossiers et d'autres tâches peuvent toutes figurer sur la liste des tâches d'un directeur de bureau.

Voici quelques suggestions de gestion de bureau pour assurer le bon fonctionnement si vous souhaitez gérer efficacement un bureau et améliorer à la fois vos compétences en leadership et en gestion.

Les tâches typiques d'un poste de directeur de bureau comprennent :

L'utilisation de la technologie et des logiciels pour maximiser l'efficacité des opérations de bureau.

- Gérer les systèmes de classement hors ligne et en ligne.

- Créer et maintenir les budgets du lieu de travail.

- Maintenir le matériel de bureau en bon état et effectuer les réparations nécessaires.

- Si le personnel d'accueil est absent ou malade, organisez une aide supplémentaire.

- Répondre aux questions et réclamations des clients.

- Faites des recherches sur la sécurité au travail et effectuez les mises à jour nécessaires.

Une nouvelle définition de la gestion de bureau

Le rôle d'un office manager est aujourd'hui plus compliqué et dynamique que jamais en raison de l'évolution de la technologie, des structures d'entreprise et des conditions de travail en général.

Les responsables du lieu de travail dans de nombreuses organisations supervisent encore un espace de travail physique fixe où une équipe centrale d'employés travaille pendant les heures normales de bureau. Cependant, le travail et les personnes que de nombreux chefs de bureau supervisent sont répartis sur plusieurs sites, fuseaux horaires et différents types d'emplois (en particulier ceux qui travaillent pour des entreprises technologiques).

En conséquence, votre travail en tant que chef de bureau se développera à un rythme incroyablement rapide. En raison de ces changements rapides, il existe également de nouvelles ressources, de nouveaux outils et de nouveaux obstacles à surmonter. Les compétences dont vous aurez besoin pour réussir dans votre carrière et les responsabilités qui vous seront confiées seront sans aucun doute différentes, même si le titre du poste ne le sera peut-être pas.

Dans cet article, nous discutons de certains des changements auxquels vous devriez vous attendre au cours de votre carrière de chef de bureau, ainsi que de certaines des difficultés auxquelles vous êtes susceptible de faire face régulièrement. De plus, peu importe à quoi ressemble votre « travail », nous parlons de l'importance indéniable de votre poste et vous fournissons les ressources et les encouragements dont vous avez besoin pour faire une différence.

Qu'est-ce qu'un office manager ?

Lorsque nous parlons de gestion de bureau, il s'agit en fait de ce qui rend un bureau productif. Tous les gestionnaires de bureau sont responsables de la planification, de la coordination et de la réglementation des opérations de bureau, tout en gardant un œil sur la surveillance gouvernementale, la réglementation du travail et la satisfaction des employés. Les gestionnaires de bureau ont une gamme de tâches en fonction des besoins de leur organisation.

Les postes de gestion de bureau peuvent varier selon l'industrie, mais les responsabilités de base de ces gestionnaires sont souvent relativement similaires. Les chefs de bureau ont parfois le pouvoir d'embaucher, de licencier, de former et de promouvoir le personnel. De plus, ils veillent au bon fonctionnement des fonctions administratives d'une entreprise, s'assurent de la disponibilité du matériel nécessaire et vérifient le bon état des équipements de bureau.

Faites de votre bureau un lieu de travail positif

La capacité et la motivation de vos employés à faire un bon travail sont déterminées par l'environnement physique dans lequel ils travaillent. Notre environnement a un impact énorme sur nous en tant qu'êtres humains. Nous remplissons nos maisons de souvenirs et d'artefacts qui nous inspirent ou nous font nous sentir bien. Pour nous sentir « chez nous », nous décorons nos voitures et nos environnements de travail.

Des efforts similaires sont également déployés sur les sites commerciaux pour maintenir une certaine ambiance. Alors que les stades et les music-halls sont conçus pour être visuellement stimulants, les hôtels et les spas sont conçus pour favoriser le confort et la tranquillité. Alors que les restaurants peuvent être sombres, romantiques, jeunes ou confortables, les installations médicales sont immaculées et contemporaines.

Cependant, l'esthétique seule ne suffit pas à transmettre les objectifs ou l'ambiance d'un environnement. Il est également important de tenir compte de la façon dont les gens interagissent les uns avec les autres, de l'organisation et de la configuration de l'espace, de la performance des individus et du respect de l'atmosphère. Le service client médiocre des employés de l'hôtel ne peut être masqué par des œuvres d'art attrayantes sur les murs. Si les tables sont sales ou si la salle à manger est bondée et exiguë, les convives n'apprécieront pas la tentative d'un restaurant de créer une atmosphère chaleureuse et calme. L'environnement compte.

Apprentissage des techniques de bureautique

Parfois appelés personnel de bureau, coordonnateurs et/ou responsables des opérations de bureau, ces personnes sont souvent les premières personnes à être contactées par quiconque à l'intérieur ou à l'extérieur de l'organisation. Vos tâches sont variées et vont du soutien à l'intégration des nouveaux employés à la promotion d'un environnement de travail sain, en passant par le travail d'assistant à la direction.

La charge de travail d'un chef de bureau augmente rapidement en conséquence. Non seulement vous devez maintenir l'utilité et l'adaptabilité de l'espace de bureau, mais vous devez également gérer les actions des employés, les déplacements, les délais et une longue liste d'autres choses. Il existe de nombreuses attentes vis-à-vis d'un poste de directeur de bureau, et de nombreux employés ont des idées différentes sur ce que ce directeur devrait vraiment faire.

Être un gestionnaire de bureau est incroyablement épanouissant car vous pouvez dépasser les attentes des autres. Vous pouvez assumer personnellement la responsabilité du succès d'une organisation et de ses employés et apporter une contribution significative à son succès.

Bien que bon nombre de ces emplacements soient conçus pour être centrés sur le client, le lieu de travail doit également tenir compte des préférences et des besoins des employés. En raison de leur confort et de leur satisfaction, les employés sont plus susceptibles de travailler efficacement et de fournir un service de qualité, ce que vos clients apprécieront. Trois changements clés que vous pouvez apporter à l'environnement de travail amélioreront les performances et le bonheur des employés.

Qu'est-ce qui est crucial dans la gestion de bureau?

La gestion de bureau est essentielle car elle peut augmenter la productivité de vos employés, vous aider à mieux utiliser votre temps et à augmenter la qualité du travail effectué par votre entreprise. Vous pouvez améliorer vos compétences administratives, favoriser un environnement de travail positif et remonter le moral des employés en adoptant des idées et des pratiques efficaces de gestion de bureau.

Préparez la zone.

L'organisation de votre espace de travail peut augmenter la productivité de l'équipe et promouvoir une atmosphère de travail productive. Il existe plusieurs façons de configurer votre espace de travail, notamment :

- Établissement de zones de travail désignées pour le personnel
- Mise à jour des procédures d'enregistrement des sociétés
- Fixation d'étiquettes sur les compartiments, les tiroirs et les étagères

- Trier les matériaux du projet dans des boîtes de stockage et des dossiers après l'achèvement

- Notez les fournitures dont vous avez besoin pour réapprovisionner, par ex. B. Agrafeuse et encre d'imprimante.

Si vous essayez de créer un environnement de travail positif, le nettoyage de votre espace de bureau peut également être très utile. Envisagez de créer un plan qui vous rappelle, à vous et à votre équipe, de nettoyer des zones spécifiques de l'espace de travail tout au long de la journée de travail. Par exemple, vous pouvez épousseter et nettoyer la salle de pause le lundi et réorganiser et trier le courrier le jeudi. Le maintien d'un espace de travail propre peut augmenter la productivité des employés et réduire les distractions.

Au lieu de réagir, préparez-vous.

La journée se déroulera plus facilement si vous prenez le temps de vous préparer plutôt que de réagir spontanément aux situations au fur et à mesure qu'elles se présentent. Faire des plans pour le lendemain peut vous aider à prioriser vos activités et à réduire une partie du stress et de l'incertitude qui accompagnent la vie quotidienne.

Tenir à jour les dossiers

La conservation des documents commerciaux à jour peut être une partie importante de la gestion de votre bureau. Votre bureau peut gagner du temps et aider votre équipe à travailler plus efficacement en gardant une trace des coordonnées des clients, en mettant à jour les informations de paiement et en notant quand vos représentants ont déjà contacté des clients.

Par exemple, il peut être avantageux pour un commercial de noter les coordonnées d'un nouveau client et la nature de l'interaction , et de déterminer si votre équipe doit recontacter le client à l'avenir. Le vendeur peut enregistrer les détails afin qu'un autre employé n'ait pas à rappeler le même client si le chat s'est bien déroulé et que le client envisage déjà d'acheter auprès de votre entreprise.

Être l'employé le plus organisé de l'entreprise

Les compétences en matière d'organisation et de gestion du

temps sont en tête de liste pour une raison. Cela va au-delà du simple développement d'un nouveau système de fichiers. Un chef de bureau doit connaître non seulement le sien, mais aussi l'emploi du temps de toutes les personnes impliquées. Le poste exige un équilibre entre les opérations quotidiennes et les stratégies à long terme de l'entreprise, des fournisseurs tiers et des employés. S'il y a un manque de compétences organisationnelles, le travail s'accumule rapidement.

Créez une méthode de classement qui fonctionne pour vous.

Même si la plupart des dépôts sont désormais effectués sous forme numérique, vous devez toujours garder une trace de ce qui est stocké et où. Si le système Web est source de confusion, concevez et mettez en œuvre un meilleur système de classement. Pour vous assurer que tout le monde soumet correctement, assurez-vous que les autres connaissent également la méthode.

Créer des canaux de communication ouverts

Vos collègues viendront certainement à vous en tant que chef de bureau avec une grande variété d'exigences, de demandes ou de demandes. Vous devez mettre en place des canaux de communication efficaces pour recevoir et traiter rapidement ces demandes.

Gardez votre boîte de réception propre et organisée. Ignorer les e-mails ou laisser des choses incomplètes peut entraîner une désorganisation majeure et des e-mails manquants. Essayez toujours de garder votre boîte de réception aussi ordonnée que possible. Expliquez clairement à vos employés comment ils peuvent vous poser des questions ou faire des suggestions. Bien sûr, une simple demande comme "Où sont les stylos supplémentaires ?" peut être faite en personne, mais les demandes plus importantes doivent toujours être faites par écrit. Cela crée un fichier et garantit que rien n'est oublié. Définissez des règles sur la manière dont vous pouvez être contacté au travail, que vous préfériez Slack, le courrier électronique ou un autre canal pour communiquer avec vos collègues.

Vous devrez peut-être prendre un certain temps pour cesser de répondre aux demandes de vos collègues pendant que nous communiquons. Concentrez-vous sur votre travail important et occupez-vous ensuite de toutes les nouvelles demandes. Expliquez clairement vos fonctions et votre position lorsque quelqu'un fait une demande que vous ne pouvez pas satisfaire immédiatement ou pas du tout. Vous pouvez refuser ou confier à quelqu'un d'autre le travail si ce n'est pas votre responsabilité.

Réaliser l'esthétique appropriée

Il existe plusieurs façons d'influencer l'apparence de votre espace de travail, même si les choix de conception peuvent ne pas vous appartenir entièrement. Créer un lieu de travail où tout le monde se sent à l'aise relève de l'art, qu'il s'agisse de placer des fleurs fraîches à la réception ou de demander le changement des lumières scintillantes, ou d'actions banales comme restaurer les salles de réunion dans leur état d'origine et accrocher des œuvres d'art sur les murs. Laissez-vous inspirer par la réputation de votre entreprise et le type de travail effectué par vos employés.

Si votre marque est originale, perturbatrice et que vous faites beaucoup de travail créatif, utilisez des couleurs plus audacieuses, un décor moderne et des détails inspirants. Si votre espace de travail est calme et que vous avez un travail contemplatif et industrieux , envisagez une approche minimaliste avec des tons doux et moins de distractions visuelles.

compétences en planification

Les gestionnaires de bureau devraient être bons en planification par nature. Vos tâches de planification comprendront tout, de l'organisation des réunions de bureau à l'attribution des tâches. De la planification des opérations commerciales à long terme à l'exécution efficace des tâches quotidiennes, la planification organisée est une compétence essentielle que tout grand directeur de bureau devrait posséder.

capacité à gérer

Les connaissances administratives devraient être une évidence pour un gestionnaire de bureau. Il y a de fortes chances que vous ayez occupé des postes administratifs avant de devenir chef de bureau.

Dans ces rôles, vous aurez développé un niveau de base de compétences administratives et vous continuerez à le faire au fur et à mesure que vous vous adapterez à votre nouveau travail de chef de bureau. Vous serez responsable du maintien et du développement de la culture d'entreprise ainsi que d'autres responsabilités humaines, y compris l'évaluation du rendement des employés. De plus, vous serez responsable de diverses activités administratives au sein de l'organisation.

Potentiel de leadership

La compétence la plus importante dont un manager a besoin est le leadership ; Certaines personnes l'ont naturellement , d'autres non. Soit vous menez aveuglément votre équipe et vous-même au désastre, soit vous pouvez être un excellent leader.

Il existe de nombreuses formes et tailles de leadership. Dans une entreprise de voyages d'affaires comme Travel Perk, vous pouvez être responsable de la gestion du travail de plus de 100 employés ou travailler dans une petite équipe de six personnes. Il est important d'assumer la responsabilité de tous ceux qui travaillent pour vous, peu importe le nombre d'employés.

Délégation efficace des tâches

Il est important de déléguer. En ce qui concerne l'attribution des tâches , de nombreux gestionnaires ont tendance à en déléguer l'essentiel à eux-mêmes, ou surtout à un ou deux employés, ce qui est injuste pour eux-mêmes et pour le reste de l'équipe du bureau.

La clé est de hiérarchiser ce qui doit être fait, puis de renoncer au contrôle. Il y a un problème si vous ne pouvez pas l'atteindre. Le travail du gestionnaire peut être surchargé et il peut ne pas être en mesure de travailler efficacement dans d'autres domaines s'il n'est pas en mesure de répartir le travail.

Planifiez votre semaine.
Vous pouvez gérer votre temps plus efficacement et hiérarchiser vos tâches en créant un emploi du temps hebdomadaire. Affichez vos rendez-vous, réunions et autres tâches importantes à venir et classez-les par importance au début

de chaque semaine. Lors du tri, utilisez les catégories suivantes :

- Les activités fixes sont définies comme toute réunion ou évaluation d'employé avec une date fixe. Souvent, vous avez déjà ces tâches devant vous, ce qui vous empêche de les modifier. Il est avantageux d'effectuer d'abord toutes vos tâches stationnaires, puis de répartir le reste de votre charge de travail autour d'elles.
- Priorité absolue : les tâches qui doivent être terminées dès que possible, généralement à la fin de la semaine ou à des jours spécifiques de la semaine suivante, sont considérées

comme prioritaires. Si vous triez ces tâches en fonction de leurs dates d'échéance, vous pourrez peut-être les accomplir par ordre d'importance.

- Flexible : Les dernières tâches que vous ajoutez à votre calendrier sont souvent des activités flexibles. Ce sont souvent des tâches que vous n'avez pas besoin de terminer d'ici la fin de la semaine, mais qui peuvent vous aider avec un projet ou une tâche qui a une échéance. Envisagez de reporter vos activités flexibles prévues à la semaine prochaine si vous ne pouvez pas toutes les intégrer à cette semaine, car vous aurez peut-être plus de temps pour les terminer.

Devenez un maître de la communication

Pour réussir dans un poste de gestionnaire de bureau, vous devez avoir de solides compétences en communication. Il aide à donner des instructions précises, à résoudre des problèmes et à éviter les erreurs. L'un des rares postes dans une entreprise qui est en contact avec tout le monde, des nouvelles recrues aux cadres de niveau C, est celui de chef de bureau. Assurez-vous d'avoir de solides compétences en communication, car cela facilitera grandement le travail.

Soyez créatif tout en résolvant des problèmes

La profondeur de l'expertise de l'industrie qu'un gestionnaire de bureau développe au fil du temps est inégalée. Ils sont essentiels à la capacité d'une organisation à traverser ses moments les plus difficiles et sont tous basés sur de solides compétences en résolution de problèmes. Plus vous passerez de temps dans le poste, plus vous demanderez de l'aide pour résoudre des problèmes de dotation difficiles.

Cependant, la résolution de problèmes ne s'arrête pas là. Un chef de bureau se voit souvent confier la tâche de mettre en œuvre un plan sans les ressources financières pour le faire. La condition préalable pour le poste est votre capacité à utiliser vos ressources de manière créative et à avancer malgré les obstacles.

maintenir les performances

A quoi sert un travail si aucun travail n'est fait ? L'idée que l'environnement dans lequel les gens travaillent devrait être clair, sans distraction, et peut-être à l'opposé de l'engagement, était répandue il y a des décennies. Les travailleurs devaient rester dans leurs régions désignées et étaient isolés. Heureusement, les choses ont changé. Selon les recherches, les employés travaillent plus efficacement dans des environnements adaptés au type de travail effectué. Une importance égale doit être accordée à la création d'espaces où les travailleurs peuvent se concentrer, se rassembler ou prendre des pauses bien méritées.

capacité d'analyse

C'est une bonne idée d'améliorer vos compétences analytiques à n'importe quel niveau professionnel. Pour aider votre entreprise à prospérer, en tant que gestionnaire dans un bureau, vous devez être en mesure de repérer les inefficacités et de prendre des mesures pour y remédier.

Connaissances en informatique

Pour un chef de bureau, des compétences informatiques solides et utiles sont non seulement bonnes, mais nécessaires. Vous devez avoir suffisamment de connaissances pour effectuer facilement, avec précision et efficacité les activités informatiques quotidiennes, y compris la saisie de données, la préparation de feuilles et le formatage de présentation. Vous utiliserez probablement quotidiennement des logiciels de communication, de vidéoconférence et de rapport de dépenses.

prendre des décisions rapidement

Êtes-vous capable de prendre des décisions rapides sur place ? En tant que chef de bureau, il existe plusieurs situations où une réponse rapide peut être nécessaire. Par exemple, vous devrez peut-être vous coordonner avec l'entreprise de camionnage dont l'horaire comprend plusieurs gros articles qui doivent être éloignés de la réception, ou vous devrez peut-être organiser un aménagement de bureau de dernière minute pour un événement en intérieur.

Il y a des décisions à prendre et celles-ci peuvent résulter de circonstances imprévues qui viennent de se produire. Être capable de prendre des décisions rapides peut être utile pour un chef de bureau, en particulier dans un environnement occupé.

adaptabilité aux autres

En tant que chef de bureau, vous aurez probablement une liste de tâches interminable. Même si c'est là, vous devez toujours être en mesure d'offrir une certaine flexibilité. Il y a des commandes qui doivent être terminées à une certaine date et d'autres qui arrivent à la dernière minute et ruinent vos plans.

Essayez toujours d'être flexible chaque fois que vous le pouvez et essayez de prendre chaque jour comme il vient. Parce que les choses ne se passent pas toujours comme prévu, il est sage de s'adapter tant que vous le pouvez.

attribuer des tâches

Déléguer des tâches à des collègues et à d'autres peut améliorer l'efficacité et la production de votre bureau tout en vous permettant de respecter des échéances importantes. Envisagez de diviser un grand projet en composants plus petits et de les déléguer à différents membres de l'équipe si, par exemple, vous devez le faire rapidement. Vous pouvez effectuer toutes ces petites tâches en même temps. Lorsque vous avez terminé, vous pouvez rassembler le travail et les données dans un seul document ou rapport cohérent.

Communicant et accessible

Une partie essentielle du travail du chef de bureau est la communication. À terme, ils constitueront l'une des principales surfaces visuelles et intérieures du bâtiment. Il est important d'avoir un caractère amical.

Peu importe qui il est, chacun doit pouvoir approcher le gestionnaire du lieu de travail sans se sentir intimidé ou avoir l'air de le déranger. En raison de la grande variété des types de personnalité, des différences, des antécédents et, surtout, de l'ancienneté, être une personne sociale est littéralement un avantage.

Créer des routines

Dans un environnement de bureau, l'établissement de routines peut aider à gérer les flux de travail, à développer des méthodes de traitement des informations client et à répondre à des situations spécifiques. Il peut être avantageux pour un individu ou un membre d'une équipe d'avoir une personne désignée vers qui se tourner s'il a besoin de travail supplémentaire après avoir terminé ses fonctions ou ses tâches. Vous pouvez aider à développer un flux de travail autonome qui permet à une équipe de travailler régulièrement tout au long de la journée tout en libérant du temps pour se concentrer sur vos propres tâches et projets en attribuant cette tâche à un autre membre de l'équipe.

Il est également important d'avoir des routines afin que le travail puisse être effectué et que les délais soient respectés, même dans des situations telles que la fermeture de l'immeuble de bureaux ou la panne du réseau de l'entreprise. Des routines solides et établies vous aideront à résoudre tout problème ou désaccord sur le lieu de travail, qu'il s'agisse de sauvegarder les disques durs du bureau ou d'avoir un cadre en place pour pouvoir travailler à distance si nécessaire.

être compréhensif

Chaque chef de bureau doit être capable de comprendre et d'empathie avec chaque membre de l'équipe. Un office manager est souvent le porte-parole de la grande majorité des travailleurs, car il fait partie intégrante de l'équipe et connaît intimement les conditions de travail de chacun. Pour vous assurer que tout le monde est entendu et compris, vous devez être capable de diriger avec charme et empathie.

Un directeur de bureau est souvent membre de comités pour des initiatives de santé ou de charité. Vous devez être capable de mener des initiatives qui nécessitent de l'empathie, de combiner une perspective commerciale avec de la compassion et d'équilibrer les attentes et la réalité.

Essayez de limiter les interruptions !

En tant que chef de bureau, vous traiterez sûrement une myriade de demandes en même temps tout en essayant de répondre à vos obligations quotidiennes. Un emploi du temps peut vous aider à gérer votre temps et à réduire les interruptions, car vous pouvez être plus réactif à des moments précis où vous pouvez leur accorder toute votre attention. Assurez-vous d'utiliser les moments où vous pensez que ce sera le plus calme. Fermez la porte, mettez votre téléphone en mode silencieux et restez concentré.

Gardez l'ambiance

Au-delà de l'apparence, la philosophie de votre lieu de travail est déterminée par la façon dont les gens interagissent les uns avec les autres, les attitudes et les perspectives de votre équipe, et l'importance de principes directeurs tels que le respect, la confiance et l'innovation. Quelle langue vos employés utilisent-ils lorsqu'ils conversent ? Quelles émotions et quels sentiments la plupart des gens affichent-ils au travail ? Est-ce silencieux ou bruyant ? Est-il actif et innovant ou strictement réglementé et prudent ? Ces facteurs aident-ils ou entravent-ils votre entreprise ?

Une fois que votre environnement a été pris en compte, vous devez vous occuper de tâches de gestion de bureau supplémentaires. Grâce à un bon de travail ou à un système de tickets, vous pouvez être responsable de la gestion du personnel de support technique, des équipes de sécurité ou du personnel de maintenance à la fois à l'intérieur et à l'extérieur. De plus, vous devrez peut-être coordonner la maintenance du système avec votre propriétaire ou votre gestionnaire immobilier, passer des commandes de nouveaux équipements et suivre votre inventaire de matériel. Bien qu'il y ait de nombreux détails, une chose est toujours la même : la gestion d'un bureau nécessite une supervision régulière et une action rapide.

Vous voulez voir l'évolution de carrière de l'équipe ?

S'il est admirable d'être motivé dans sa carrière, il est crucial pour les managers d'être également attentifs à la carrière de leurs équipes. Il est crucial d'être passionné par le soutien des membres de votre équipe dans leur propre cheminement de carrière, qu'ils restent dans l'entreprise, assument un nouveau rôle au sein de l'organisation ou déménagent dans une autre entreprise.

Lorsque les gens vous voient comme un patron qui se soucie de leur développement, cela peut être très gratifiant au travail.

Votre lieu de travail est-il vraiment sécuritaire?

Il est prudent de protéger votre bâtiment contre les intrus ou les menaces extérieures, que ce soit par une entrée à clé ou un système de gardiennage actif. Vos tâches peuvent inclure la direction d'équipes de sécurité, la surveillance des caméras de sécurité ou la remise des clés aux nouveaux employés. Il est également crucial que le mobilier et les machines de votre lieu de travail puissent être utilisés en toute sécurité. Assurez-vous d'avoir pensé à toutes les menaces potentielles pour votre installation et votre campus et d'avoir une stratégie pour les atténuer.

Versé dans le traitement de la technologie

Comprendre le fonctionnement de la technologie est bénéfique. Vous pouvez rencontrer des problèmes si vous n'êtes pas familier avec certains des programmeurs de base, y compris Microsoft Office et Excel. Il est important que les gestionnaires connaissent la technologie et sachent utiliser les plateformes en ligne.

C'est une compétence qui peut être acquise, mais si vous ne savez pas déjà comment utiliser les outils ou le logiciel, cela vous demandera probablement un peu de pratique.

analytiquement

C'est l'une des tâches d'un gestionnaire de trouver des

méthodes plus efficaces pour faire face aux tâches à accomplir. Il est important d'identifier les domaines de votre travail où vos performances pourraient faire défaut et comment y remédier.

Lors de la gestion d'un environnement de bureau, un œil analytique est une compétence utile. Cela pourrait aider votre entreprise à économiser de l'argent et à fournir un meilleur service aux consommateurs et aux clients.

Si vous vous demandez : « Comment cela pourrait-il être amélioré ? » ou « Que peut-on faire pour rendre cela plus efficace ? », vous êtes presque à mi-chemin. C'est une bonne idée d'inclure des mots à la mode analytiques sur votre CV lorsque vous postulez pour un tel emploi. Les termes « résolution de problèmes », « penseur critique » et « optimisation » sont tous d'excellents choix.

Encourager plus d'apprentissage et de croissance

Le moral et la productivité peuvent être augmentés en encourageant les membres de l'équipe à se développer et en leur donnant plus d'opportunités de formation. Les employés peuvent travailler plus efficacement et obtenir des résultats de meilleure qualité lorsqu'ils ont la possibilité de développer leurs connaissances et leurs compétences professionnelles.

De plus, cela peut les mettre dans une meilleure position pour la promotion interne. Par exemple, si vous confiez à un assistant marketing un travail qui l'oblige à utiliser un logiciel qu'il ne connaît pas, envisagez de lui fournir des tutoriels ou de demander à un employé plus expérimenté de lui apprendre à utiliser le programme. Vous pouvez alors terminer le travail plus rapidement et réutiliser le programme pour des tâches ultérieures.

Voici quelques conseils utiles pour continuer.